KB196238

손끝으로 채우는 일본어 필사 시리즈 3

빨간 초와 인어

• 오가와 미메이 小川未明 •

본명은 오가와 겐사쿠. 1882년 니가타현에서 태어났다. 1910년에 출간한 첫 동화집 『빨간 배』를 시작으로 1961년 79살에 숨을 거둘 때까지 1,200여 편의 동화를 발표해 일본의 안데르센이자 근대 아동문학의 아버지라 불린다. 지금의 와세다대학교인 도쿄전문대학교에서 영어영문학을 공부했으며, 졸업 후 와세다문학사에서 잡지 『소년 문고』 편집자로 일하며 소설과 동화를 집필했다. 1925년 아동문학을 연구하는 와세다동화모임을 설립했고, 이듬해 동화에만 전념하기로 선언했다. 1946년 설립한 일본아동문학자협회의 초대 회장을 지냈다. 1951년 일본 아동 문학에 이바지한 공로를 인정받아 일본예술원상을 받고, 2년 뒤 일본예술원 회원이 되었다. 인생의 허무와 비극을 숨기지 않는 그의 이야기는 한때 동화답지 않다는 비판도 받았지만, 시간이 흐르며 아이와 어른이 함께 읽을 수 있는 작품으로 다시금 주목받았다. 오가와 미메이가 세상을 떠난 지 30주년이 되던 1991년, 아동 문학을 향한 그의 애정을 기리는 오가와 미메이 문학상이 만들어져, 지금도 새로운 이야기를 들려줄 동화 작가를 매해 발굴하고 있다.

• 옮긴이 이예은 •

2015년부터 일본에서 살고 있다. 글을 쓰고 번역하는 일을 오래 해 왔다. 와세다대학교 국제커뮤니케이션 연구과에서 석사 학위를 받았다. 여행 에세이 『도쿄 근교를 산책합니다』와 『다카마쓰를 만나러 갑니다』 그리고 9회 브런치 출판 프로젝트 대상 수상작인 『콜센터의 말』을 썼다.

인스타그램 fromlyen
브런치 leeyeeun

손끝으로 채우는
일본어 필사 시리즈 3

빨간 초와 인어

赤いろうそくと人魚

오가와 미메이 지음 | 이예은 옮김

세나북스

들어가며

어떤 슬픔은 기쁨이 아닌 다른 슬픔으로 상쇄되기도 합니다. 느닷없는 슬픔과 무기력함에 침잠해 있던 시기에 우연히 오가와 미메이의 동화를 만났습니다. 한자로 '미명(未明)'이라고 읽을 수 있는 필명처럼, 그의 이야기에는 어슴푸레한 새벽녘과 같은 애잔함이 서려 있습니다. 주인공이 행복하게 오래오래 살았다는 해피 엔딩은 좀처럼 찾아보기 어렵습니다. 오히려 읽고 나면 헛헛함과 쓸쓸함이 차오르는 가슴 아픈 결말이 더 많지요. 그러나 그 이면에는 부정할 수 없는 아름다움이 있습니다. 영원히 시들지 않는 조화에서는 느껴지지 않는 애틋함이, 한철 피우고 말 생화를 바라볼 때 벅차오르는 것과 같은 이치일까요. 삶도 행복도 유한하기에 소중하고 사랑스러운 것임을 그의 동화를 읽으며 다시금 깨달았습니다.

2015년부터 일본에 거주하며 다양한 글을 쓰고 옮겨왔지만, 동화 번역은 처음입니다. 평생을 동화에 전념한 대가가 쓴 한 문장, 한 단어를 앞에 두고 일본어 학습자의 심정으로 고민을 거듭하며 작업하는 사이 교재로서 동화의 장점과 매력에 눈을 뜨게 되었습니다.

외국어 능력은 학습자가 그 언어를 흡수한 환경을 반영하기 마련입니다. 저는 대학교 때 일본 현대 소설과 드라마에 심취해 도쿄에서 교환학생으로 한 학기를 보내며 일본어 공부를 시작했습니다. 졸업 후 서울의 한 호텔에서 일하다 20대 중반쯤 다시 대학원 진학을 빌미로 도쿄로 돌아와 수년간 현지에서 직장생활을 하고 있지요. 그러다 보니 일본어로 논문과 뉴스를 읽고, 프레젠테이션을 진행하고, 비즈니스 이메일을 작성할 수 있지

만, 의외로 일상이나 가정에서 쓸 법한 쉬운 어휘에 약합니다. 오래전, 저와 비슷한 시기에 일본에서 유학한 친구가 '대학교에서 정치나 경제에 관해서는 일본어로 잘만 토론했는데, 졸업한 뒤 셰어하우스에서 살아보니 수세미가 뭔지 모르겠더라'라는 경험담을 들려주었어요. 저도 그제야 사전에서 수세미를 찾아보니 '스펀지(スポンジ)' 혹은 '다와시(たわし)'라고 부르더군요.

성인이 되어 시작한 일본어는 유학과 취업, 자격증 취득 등을 목적으로 한 어렵고 딱딱한 어휘와 문법에 치중하기 쉽습니다. 반면에 비교적 나이 어린 독자를 대상으로 쓰인 동화에는 너무 기초적이라서 오히려 놓치기 쉬운 생활 용어가 많지요. 일본에서 어린 시절을 보내지 않았다면 감각을 익히기 어려운 의성어와 의태어도 자주 등장합니다. 대화 참여자의 관계에 따라 달라지는 말투도 동화에서 얻을 수 있는 귀중한 정보이고요. 나아가 동화 특유의 리듬감과 반복되는 어휘와 문장 구조는 학습을 쉽게 합니다. 개인적으로는 고전 문학인 만큼 자주 보지 못한 표현을 발견하는 재미도 쏠쏠했어요. 저처럼 언젠가 일본 고전 소설을 막힘없이 읽고 싶은 꿈을 갖고 계신다면, 오가와 미메이의 동화가 좋은 출발점이 되리라 믿습니다.

이 책에는 오가와 미메이의 작품을 필사할 수 있는 공간이 마련되어 있습니다. 손 글씨보다 타이핑이 보편화된 시대다 보니, 일본인 중에서도 한자를 잘 쓰지 못하는 사람이 늘고 있다고 해요. 또 아무리 일본에 오래 살아 회화나 독해에 막힘이 없는 사람이어도, 평소에 부지런히 연습하지 않으면 종이에 자신의 이름과 주소 외에는 한자를 한 글자도 자신 있게 쓰지 못하는 상태에 놓이고 말지요. 그런데 내 손으로 직접 써낼 수 없는 문자나 단어를 진정 안다고 말할 수 있을까요.

반대로 낯선 문장이라도 따라 쓰는 연습을 꾸준히 반복하다 보면 어느새 내 것이 됩니다. 몸으로 익히는 감각은 우리의 생각보다 훨씬 강하거든요. 눈으로 글자의 모양을 살피고, 손끝으로 획을 긋는 감각을 익히고, 소리 내어 읽으며 귀에 담다 보면, 동화에 담긴 어휘와 문법을 더 자연스럽게, 그리고 깊게 체득할 수 있을 것입니다.

외국어 공부는 흥미진진한 한 세계의 문을 여는 도전이자 새로운 자아를 탐색하는 모험입니다. 그 신비로운 여정에 이 책이 작은 디딤돌이 되기를 기원합니다.

2025년 겨울 도쿄에서

옮긴이 이예은

목차

효과적인 필사책 활용법

베껴쓰기 본문

먼저 일본어로 된 소설 본문을 읽어봅니다. 모든 한자에 후리가나가 달려있어서 일본어 학습에 도움이 됩니다.

필사하는 페이지

본문을 천천히 따라 써 봅니다. 쓰면서 소리 내 읽으면 더 좋습니다.

太郎は長い間、病気で臥していましたが、ようやく床から離れて出られるようになりました。けれどまだ三月の末で、朝と晩には寒いことがありました。

だから、日の当たっているときには、外へ出てもさしつかえなかったけれど、晩方になると早く家へ入るように、お母さんからいいきかされていました。

まだ、桜の花も、桃の花も咲くには早うございましたけれど、梅だけが垣根のきわりに咲いていました。そして、雪もたいてい消えてしまって、ただ大きな寺の裏や、圃のすみのところなどに、幾分か消えずに残っているくらいのものでありました。

□ 病気 병 □ 臥す 아파서 눕다 □ ようやく 겨우 □ 床 잠자리 □ けれど 하지만 □ 末 어떤 기간의 끝 □ 日の当たる 해가 비치다 □ さしつかえる 지장이 있다 □ 晩方 해 질 무렵 □ いいきかす 타이르다 □ 垣根 울타리 □ きわ 끝, 가장자리 □ 消える 사라지다 □ 圃 밭 □ すみ 귀퉁이 □ 幾分 약간

14
15

한글 번역문

일본어로 된 소설을 번역해 보고 한글 번역문을 보면서 맞는지 확인해 봅니다.

본문 단어장

본문에 나오는 주요 단어의 뜻과 단어에 관한 부연 설명이 나와 있습니다.

일러두기

* 동화 원문의 출처는 아오조라분코(www. aozora. gr. jp)입니다.

* 인명과 지명을 비롯한 일본어 발음 표기는 한국어 외래어표기법을 따랐습니다.

* 책과 잡지, 신문 등 정기 간행물 제목은 『 』, 단편소설 제목은 「 」로 묶었습니다.

金の輪

きん　　わ

금빛 굴렁쇠

작품 소개

아직 다 자라지도 않은 어린아이에게 찾아오는 병마만큼 안타까운 일이 또 있을까요. 「금빛 굴렁쇠」는 1919년 1월 21일부터 23일까지 『요미우리 신문』에 연재된 동화로, 오랫동안 병으로 이부자리를 벗어나지 못했던 소년 다로와 굴렁쇠를 굴리며 힘차게 뛰어가는 어느 소년의 이야기를 그립니다. 과연 그 소년의 정체는 무엇이고 그 만남은 다로에게 어떤 의미로 남을지 생각하며 감상해 보시기 바랍니다.

일본어 학습 포인트

한적한 시골 마을의 풍경 묘사가 아름다운 작품입니다. 특히 황금빛으로 반짝이는 굴렁쇠와 붉은 노을, 풀밭 사이로 난 새하얀 길 등 색감에 관한 단어가 눈에 띕니다. 또 우리나라 말로는 둘 다 '생각하다'라고 번역할 수 있지만 주로 이성적인 사고를 표현하는 '考える'와 주관적인 느낌을 뜻하는 '思う'의 차이도 눈여겨보시면 좋겠습니다.

太郎は長い間、病気で臥していましたが、ようやく床から離れて出られるようになりました。けれどまだ三月の末で、朝と晩には寒いことがありました。

だから、日の当たっているときには、外へ出てもさしつかえなかったけれど、晩方になると早く家へ入るように、お母さんからいいきかされていました。

まだ、桜の花も、桃の花も咲くには早うございましたけれど、梅だけが垣根のきわに咲いていました。そして、雪もたいてい消えてしまって、ただ大きな寺の裏や、圃のすみのところなどに、幾分か消えずに残っているくらいのものでありました。

오랫동안 병으로 누워 있던 다로는 겨우 이부자리를 벗어나 밖으로 나갈 수 있게 되었습니다. 하지만 아직 3월 말이라 아침저녁으로는 추운 날도 있었답니다.

그래서 엄마는 다로에게 해가 비칠 때는 밖에 나가도 괜찮지만, 해 질 무렵이 되면 얼른 집으로 들어오라고 타이르곤 했습니다.

아직 벚꽃도 복사꽃도 피기에 일렀지만, 매화만큼은 울타리 끝에 피어 있었습니다. 그리고 눈도 거의 다 사라져 버려, 커다란 절 뒤나 밭 한 귀퉁이에서나 사라지지 않고 약간 남아 있는 정도였습니다.

금빛 굴렁쇠 金の輪

□ 病気 병 □ 臥す 아파서 눕다 □ ようやく 겨우 □ 床 잠자리 □ けれ
ど 하지만 □ 末 어떤 기간의 끝 □ 日の当たる 해가 비치다 □ さしつか
える 지장이 있다 □ 晩方 해 질 무렵 □ いいきかす 타이르다 □ 垣根 울
타리 □ きわ 끝, 가장자리 □ 消える 사라지다 □ 圃 밭 □ すみ 귀퉁이
□ 幾分 약간

太郎は、外に出ましたけれど、往来にはちょうど、だれも友だち
が遊んでいませんでした。みんな天気がよいので、遠くの方まで遊
びにいったものとみえます。もし、この近所であったら、自分もい
ってみようと思って、耳を澄ましてみましたけれど、それらしい声
などは聞こえてこなかったのであります。

独りしょんぼりとして、太郎は家の前に立っていましたが、圃に
は去年取り残した野菜などが、新しく緑色の芽をふきましたので、
それを見ながら細い道を歩いていました。

すると、よい金の輪の触れ合う音がして、ちょうど鈴を鳴らすよ
うに聞こえてきました。

다로는 밖으로 나갔지만, 마침 길에는 놀고 있는 친구가 한 명도 없었습니다. 날씨가
좋으니 다들 멀리까지 놀러 나갔나 봅니다. 혹시 이 근처라면 자기도 가볼까 싶어 귀를
기울여 보았지만, 이렇다 할 소리라고는 들리지 않았습니다.

다로는 홀로 풀이 죽은 채 집 앞에 서 있다가, 지난해 뽑지 않고 밭에 남겨 둔 채소가
새롭게 초록빛 싹을 틔웠길래 그 모습을 보며 좁다란 길을 걸었습니다.

그러자 금 굴렁쇠가 맞닿는 좋은 소리가 났는데, 꼭 방울을 울리는 것처럼 들렸습니다.

금빛 굴렁쇠 金の輪

□ 往来 도로, 길   □ ちょうど 꼭, 마침, 방금   □ 近所 근처   □ 自分 자기
□耳を澄ます 귀를 기울이다   □ 声 소리   □ 独り 홀로   □ しょんぼり 풀이
죽은 모양   □ 取り残す 남겨 두다   □ 緑色 초록빛   □ 芽をふく 싹을 틔우다
□ 細い 좁다   □ 道 길   □ すると 그러자   □ 輪 바퀴, 굴렁쇠   □ 触れ合う
맞닿다   □ 鈴を鳴らす 방울을 울리다

16
17

かなたを見ますと、往来の上を一人の少年が、輪をまわしながら走ってきました。そして、その輪は金色に光っていました。太郎は目をみはりました。かつてこんなに美しく光る輪を見なかったからであります。しかも、少年のまわしてくる金の輪は二つで、それがたがいに触れ合って、よい音色をたてるのであります。太郎はかつてこんなに手際よく輪をまわす少年を見たことがありません。いったいだれだろうと思って、かなたの往来を走ってゆく少年の顔をながめましたが、まったく見覚えのない少年でありました。

この知らぬ少年は、その往来を過ぎるときに、ちょっと太郎の方を向いて微笑しました。ちょうど知った友だちに向かってするように、懐かしげに見えました。

저편을 바라보자, 길 위에서 한 명의 소년이 굴렁쇠를 굴리며 달려왔습니다. 그리고 그 굴렁쇠는 금빛으로 반짝였습니다. 다로의 눈이 휘둥그레졌습니다. 여태껏 이토록 아름답게 빛나는 굴렁쇠를 한 번도 보지 못했기 때문입니다. 게다가 소년이 굴리는 금 굴렁쇠는 두 개였는데, 굴렁쇠들이 서로 스치면서 고운 음색을 냈습니다. 다로는 여태껏 이토록 솜씨 좋게 굴렁쇠를 굴리는 소년을 본 적이 없었습니다. 도대체 누구일까 생각하며 저편에서 길을 달려가는 소년의 얼굴을 쳐다보았지만, 전혀 본 기억이 없는 소년이었습니다.

이 정체 모를 소년은 길을 지날 때 다로 쪽을 향해 살짝 미소 지었습니다. 꼭 아는 친구를 향해 짓는 듯 애틋해 보였습니다.

금빛 굴렁쇠 金の輪

□ かなた 저편 □ まわす 굴리다 □ 金色 금빛 □ 光る 빛나다 □ 目をみ
はる 눈을 크게 뜨다 □ かつて 여태껏 □ 手際よく 솜씨 좋게 □ ながめる
바라보다 □ 見覚え 본 기억 □ 知らぬ 모르는 □ 過ぎる 지나다 □ 向く 향
하다 □ 微笑する 미소 짓다 □ 懐かしげに 애틋하게

輪をまわしてゆく少年の姿は、やがて白い路の方に消えてしまいました。けれど、太郎はいつまでも立って、その行方を見守っていました。

太郎は、「だれだろう。」と、その少年のことを考えました。いつこの村へ越してきたのだろう？　それとも遠い町の方から、遊びにきたのだろうかと思いました。

明くる日の午後、太郎はまた圃の中に出てみました。すると、ちょうど昨日と同じ時刻に、輪の鳴る音が聞こえてきました。太郎はかなたの往来を見ますと、少年が二つの輪をまわして、走ってきました。その輪は金色に輝いて見えました。少年はその往来を過ぎるときに、こちらを向いて、昨日よりもいっそう懐かしげに、微笑んだのであります。そして、なにかいいたげなようすをして、ちょっとくびをかしげましたが、ついそのままいってしまいました。

굴렁쇠를 굴리며 가는 소년의 모습은 머지않아 하얀 길 쪽으로 사라져 버렸습니다. 하지만, 다로는 하염없이 서서 소년이 떠난 자리를 지켜보았답니다.

다로는 '누구일까'라며 소년에 대해 곰곰이 생각했습니다. 언제 이 마을로 이사 온 걸까? 아니면 먼 동네에서 놀러 온 걸까? 궁금했습니다.

다음 날 오후, 다로는 다시 밭 가운데로 나가보았습니다. 그러자 어제와 똑같은 시간에 굴렁쇠 소리가 들려왔습니다. 다로가 저편의 길을 바라보자 소년이 두 개의 굴렁쇠를 굴리며 달려왔습니다. 굴렁쇠는 금빛으로 빛나 보였습니다. 소년은 길을 지날 때 이쪽을 향해 어제보다도 한층 더 애틋하게 미소 지었습니다. 그리고 무언가 할 말이 있는 듯한 표정으로 고개를 살짝 갸우뚱거렸지만, 그만 그대로 가버렸습니다.

금빛 굴렁쇠 金の輪

□ 姿 모습 □ やがて 머지않아 □ 白い 하얗다 □ 行方 행방, 간 곳 □ 見守る 지켜보다 □ 考える (머리로) 생각하다 □ 村 작은 마을 □ 町 거리, 동네, 마을 □ 越す 이사하다 □ 思う (마음으로) 생각하다 □ 明くる日 다음 날 □ 輝く 빛나다 □ いっそう 한층 □ 微笑む 미소 짓다 □ ようす 모습 □ くびをかしげる 고개를 갸우뚱거리다 □ つい 그만, 바로

20
21

太郎は、圃の中に立って、しょんぼりとして、少年の行方を見送りました。いつしかその姿は、白い路のかなたに消えてしまったのです。けれど、いつまでもその少年の白い顔と、微笑とが太郎の目に残っていて、取れませんでした。

「いったい、だれだろう。」と、太郎は不思議に思えてなりませんでした。いままで一度も見たことがない少年だけれど、なんとなくいちばん親しい友だちのような気がしてならなかったのです。

明日ばかりは、ものをいってお友だちになろうと、いろいろ空想を描きました。やがて、西の空が赤くなって、日暮れ方になりましたから、太郎は家の中に入りました。

その晩、太郎は母親に向かって、二日も同じ時刻に、金の輪をまわして走っている少年のことを語りました。母親は信じませんでした。

다로는 밭 가운데에 서서 풀 죽은 채 소년이 떠난 자리를 바라보았습니다. 어느새 그 모습은 하얀 길 저편으로 사라져 버렸습니다. 하지만 그 소년의 하얀 얼굴과 미소가 언제까지나 다로의 눈에 남아 떠나지 않았답니다.

'도대체 누굴까?' 다로는 의아하기 짝이 없었습니다. 지금까지 한 번도 본 적 없는 소년인데, 왠지 모르게 가장 친한 친구처럼 느껴졌기 때문입니다.

내일이야말로 말을 걸어 친구가 되어야겠다고 이런저런 상상을 머릿속에 그렸습니다. 이윽고 서쪽 하늘이 붉게 물들며 저녁때가 되어 다로는 집 안으로 들어왔습니다.

그날 밤, 다로는 어머니에게 이틀이나 같은 시간에 금 굴렁쇠를 굴리며 달리는 소년을 보았다고 이야기했습니다. 어머니는 믿지 않았습니다.

금빛 굴렁쇠 金の輪

□ 見送る 가는 것을 바라보다, 배웅하다　□ 取れる 떨어지다　□ 不思議
に 의아하게, 불가사의하게　□ なんとなく 왠지 모르게　□ 親しい 친하다
□ 友だち 친구　□ 気がする 느낌이 들다　□ ものをいう 말하다　□ 空想
공상, 상상　□ 描く 그리다　□ 赤い 붉다　□ 日暮れ方 해 질 무렵, 저녁때
□ 母親 어머니　□ 二日 이틀, 2일　□ 時刻 시각, 때, 시간　□ 語る 이야기
하다　□ 信じる 믿다

太郎は、少年と友だちになって、自分は少年から金の輪を一つ分けてもらって、往来の上を二人でどこまでも走ってゆく夢を見ました。そして、いつしか二人は、赤い夕焼け空の中に入ってしまった夢を見ました。

明くる日から、太郎はまた熱が出ました。そして、二、三日めに七つで亡くなりました。

다로는 소년과 친구가 되어 소년으로부터 금 굴렁쇠를 하나 나눠 받은 다음, 함께 길 위를 하염없이 달려가는 꿈을 꾸었습니다. 그러다 어느새 둘이서 붉게 저녁노을 진 하늘 속으로 들어가 버리는 꿈을 꾸었습니다.

다음 날부터 다로의 열이 다시 도졌습니다. 그리고 이삼일째 되던 날에 일곱 살의 나이로 눈을 감고 말았답니다.

금빛 굴렁쇠 金の輪

□ 分ける 나누다 □ 夢を見る 꿈을 꾸다 □ いつしか 어느새 □ 夕焼け
空 저녁노을 진 하늘 □ 熱が出る 열이 오르다 □ 七つ 일곱 살 □ 亡くな
る 죽다

あるまりの一生

いっしょう

어느 공의 일생

작품 소개

어린 시절 그토록 많은 공을 차거나 던지고 놀면서도, 단 한 번도 공의 입장을 헤아려 보지 못했습니다. 축구공의 입장에서 전개되는 독특한 설정이 단숨에 독자를 몰입하게 만들어요. 아이들의 발에 차이고, 진흙탕에 뒹굴다, 결국 낡고 바람이 빠지면 버려질 운명에 기꺼이 순응하기란 쉽지 않을 것입니다. 선택지에 놓인 공은 과연 어떤 길을 갈까요. 그리고 그 결정은 과연 옳았을까요.

일본어 학습 포인트

밟고, 차고, 구르고, 달리고, 나는 등 축구를 즐기는 아이들의 움직임과 그에 따른 공의 변화를 표현하는 역동적인 동사를 익히기 좋은 작품입니다. 또 '~하거나 ~하거나 한다'라는 뜻을 가진 'たり~たりする' 문형이 반복되는 점도 특징이지요. 공과 구름, 바람, 그리고 꽃 사이에 오가는 대화에서 볼 수 있는 호칭과 말투의 차이에도 주목해 보세요.

フットボールは、あまり坊ちゃんや、お嬢さんたちが、乱暴に取り扱いなさるので、弱りきっていました。

どうせ、踏んだり、蹴ったりされるものではありましたけれども、すこしは、自分の身になって考えてみてくれてもいいと思ったのであります。

しかし、ボールが思うようなことは、子供らに考えられるはずがありませんでした。彼らは、きゃっ、きゃっといって、思うぞんぶんにまりを踏んだり、蹴ったりして遊んでいました。まりは、石塊の上をころげたり、土の上を走ったりしました。そして、体じゅうに無数の傷ができていました。

축구공은 도련님과 아가씨들이 너무 험하게 다루신 탓에 약해질 대로 약해져 있었습니다. 어차피 밟히고 걷어차이거나 할 운명이라도 조금은 자신의 처지에서 생각해 봐 주면 어떨까 싶었답니다.

하지만 아이들이 공의 바람을 헤아릴 턱이 없었습니다. 그들은 꺅꺅 소리 지르며 마음껏 공을 밟거나 차면서 놀았습니다. 공은 돌멩이 위를 구르고, 흙 위를 달렸습니다. 그러고 나면 온몸에 셀 수 없이 많은 상처가 생겨났습니다.

어느 공의 일생 あるまりの一生

□ 坊ちゃん 도련님, 아드님   □ お嬢さん 아가씨, 따님   □ 乱暴に 험하
게   □ 取り扱い 취급, 다룸   □ 弱りきる 몹시 약해지다   □ どうせ 어차피
□ きゃっ 꺅   □ ぞんぶん 마음껏   □ 踏む 밟다   □ 蹴る 차다   □ まり 공
□ 石塊 돌멩이   □ ころげる 구르다   □ 土 흙, 땅   □ 体じゅう 온몸   □ 無
数 무수   □ 傷 상처

どうかして、子供らの手から、のがれたいものだと思いましたけれども、それは、かなわない望みでありました。夜になると、体じゅうが痛んで、どうすることもできませんでした。まれに雨の降る日だけは、楽々とされたものの、そのかわり、すこし雨が晴れると、水たまりの中へ投げ込まれたり、また、体じゅうを泥で汚されてしまうのでした。雨の日が長くつづけば、つづくほど、その後では、いっそうみんなから、手ひどく取り扱われなければならないので、まりにとっては、雨の降る日さえが、その後のことを考えると、あまりうれしいものではなかったのです。

　あるとき、フットボールは、みんなから、残酷なめにあわされるので、ほとんどいたたまらなくなりました。そして、いつも、いつも、こんなひどいめにあわされるなら、革が破れて、はやく、役にたたなくなってしまいたいとまで思いました。

어떻게 해서든 아이들의 손에서 벗어나고 싶었지만, 그것은 이뤄지지 않을 희망이었습니다. 밤이 되면 온몸이 아파 어쩔 줄을 몰랐습니다. 드물게 비가 내리는 날만큼은 공을 편안히 내버려두었지만, 그 대신 비가 조금이라도 갤라 치면 웅덩이 속으로 던져 넣고, 또 온몸을 진흙으로 더럽혀 버리는 것이었습니다. 비 오는 날이 길어지면 길어질수록 그 후에는 모두로부터 더욱 호되게 당해야 했기에, 공의 입장에서는 비 내리는 날조차도 뒷일을 생각하면 마냥 반갑지는 않았답니다.
　어느 날, 모두로부터 혹독히 시달리던 축구공은 거의 참을 수 없는 지경에 이르렀습니다. 그리고 허구한 날 이렇게 지독히 시달릴 바에야 가죽이 찢어져 얼른 쓸모없어져 버리고 싶다고까지 생각했습니다.

어느 공의 일생 あるまりの一生

□ のがれる 벗어나다 □ かなう 이루어지다 □ 望み 희망, 소망 □ 痛む
아프다 □ まれに 드물게 □ 楽々 편안히 □ 晴れる 개다 □ 水たまり 웅
덩이 □ 投げ込む 던져 넣다 □ 泥 진흙 □ 汚す 더럽히다 □ 手ひどい 호
되다 □ 残酷だ 잔혹하다 □ めにあわされる ~일을 당하다 □ いたたまら
ない 더는 참을 수 없다 □ 革 가죽 □ 破れる 찢어지다 □ 役にたたない
쓸모없다

こんなことを思っていましたとき、彼は、力まかせに蹴飛ばされ
ました。そして、やぶの中へ飛び込んでしまいました。まりは、し
げった木枝の蔭に隠れてしまったのです。

「まりが見つからないよ。」

「どこへいったろう？」

子供たちは、おおぜいでやぶの中へはいってきて、まりを探しま
した。しかし、だれも、ボールがちょっとした、木枝の蔭に隠れて
いようとは、気づかなかったのであります。

「ここんとこではない。ほかのところかもしれないよ。」

子供らは、ほかの方面へいって探しはじめました。そして、見つ
からないので、みんなはがっかりとしてしまって、いつしか、どこ
へかいってしまいました。

이런 생각을 하고 있던 차에 공은 힘껏 걷어차였습니다. 그리고 덤불 속으로 날아들
어가 버렸습니다. 공은 빽빽한 나뭇가지 그늘에 가려져 버렸습니다.

"공을 못 찾겠어."

"어디로 갔지?"

아이들은 여럿이서 덤불 속으로 들어와 공을 찾았습니다. 하지만 누구도 자그마한
나뭇가지 그늘에 숨어 있는 공을 알아차리지 못했습니다.

"이쪽은 아니야. 다른 곳에 있을지도 몰라."

아이들은 다른 쪽으로 가서 찾기 시작했습니다. 그러다 보이지 않으니, 다들 맥이 빠
져 버린 나머지 어느새 어디론가 사라져 버리고 말았답니다.

어느 공의 일생 あるまりの一生

□ 力まかせ 전력을 다하는 모양 □ 蹴飛ばす 걷어차다 □ やぶ 덤불
□ 飛び込む 날아들다 □ しげる 빽빽하다 □ 木枝 나뭇가지 □ 蔭 그늘
□ 隠れる 숨다 □ おおぜい 여럿 □ ちょっとした 약간의, 사소한 □ 気
づく 알아차리다 □ 方面 방면 □ がっかり 실망하는 모양

32
33

あとに、まりは、独り残されていました。しかし、また、子供た
ちがやってくるにちがいない。そして、見つかったら、いっそうさ
かんに投げたり、蹴られたりすることだろうと思うと、まりは、た
め息をせずにはいられませんでした。

フットボールが、木枝の蔭で、小さくなっているのを、空の上
で、雲が、じっと見ていました。なぜなら、雲は、まりが子供らか
ら、いじめられるのを、かわいそうに思っていたからであります。

雲は、だれにも気づかれないように、そっと空から下へ降りてき
ました。

그 후 공은 혼자 남겨졌습니다. 그렇지만 아이들이 다시 올 것은 뻔합니다. 그리고
공을 찾으면 한층 더 힘차게 던지고 걸어차기나 할 것이라고 생각하니, 공은 한숨이 절
로 나왔습니다.

나뭇가지 그늘에서 움츠리고 있는 축구공을 하늘 위에서 구름이 지그시 내려다보고
있었습니다. 왜냐하면 구름은 아이들로부터 괴롭힘 당하는 공을 가엾이 여겼기 때문
입니다.

구름은 아무도 눈치채지 못하도록 하늘에서 아래로 살그머니 내려왔습니다.

어느 공의 일생 あるまりの一生

□ ～にちがいない ～할 것임에 틀림없다 □ 投げる 던지다 □ ため息 한숨
□ 雲 구름 □ いじめる 괴롭히다 □ じっと 지그시 □ かわいそうに 가
엾이 □ そっと 살포시, 몰래 □ 降りる 내려오다

「フットボールさん、お気の毒です。私は、なんでもよく知って
います。あなたほど、やさしい正直ないい方はありません。それだ
のに、毎日、ひどいめにおあいなれされています。幸い、だれも、
いまは気づきませんから、この間に、私といっしょに空へおいでな
さい。そうすれば、もう、みんなの手がとどかないから安心です。
そうなさい。」と、雲はいいました。フットボールは、こういわれ
ると、日ごろから、空にいて、じっと下を見ていた白い雲でありま
したから、なつかしそうに、

「ごしんせつにいってくださって、ありがとうぞんじます。私み
たいなものが、あの美しい空へいって、すんでいるところがありま
しょうか？」といって、たずねました。

雲は、にこやかに笑いました。

'축구공님, 정말 안타까워요. 저는 모르는 게 없답니다. 당신처럼 상냥하고 정직하고
착한 분은 없어요. 그런데도 매일 지독히 고생만 하지요. 다행히 지금은 누구도 눈치
채지 못할 테니, 이 틈에 저를 따라 하늘로 오세요. 그러면 더 이상 아이들의 손이 미치
지 않으니 마음이 놓일 거예요. 그렇게 해요'라고 구름은 말했습니다. 축구공은 이런
말을 들으니 평소에 하늘에서 지그시 아래를 내려다보고 있었다는 흰 구름이 반가운
듯이
'친절히 말씀해 주셔서 감사해요. 감히 제가 저 아름다운 하늘에 가서 살 만한 곳이
있을까요?'라고 물었습니다.
구름은 방긋 웃었습니다.

어느 공의 일생 あるまりの一生

□ 気の毒 딱함, 미안함 □ 正直だ 정직하다 □ 幸い 다행, 행복 □ 手がと
どく 손이 미치다 □ 日ごろ 평소 □ しんせつに 친절히 □ ぞんじる 알
다, 여기다 □ たずねる 묻다 □ にこやかに 방긋

「それには、いい考えがあることです。はやくなさらないとだめですから……。」といって、雲は、まりを急きたてました。

　フットボールは、雲の言葉に従いました。そして、雲に乗って、空へ、高く、高く、昇ってしまったのであります。

　「まりさん、私は、夜になると、こういうように月を乗せて、大空を歩くのです。しかし月は、夜でなければ、やってきません。あなたは昼間は、月のかわりに、ここからじっと下界を見物していなされたがいいと思います。」と、雲はいいました。フットボールは、白い月のように、円い顔を雲の間から出して、下をながめていました。だれも、自分をまりだと思うものはありませんでした。

　「あすこに、昼のお月さまが出ているよ。」といって、子供たちは、仰ぎながらいっているのを、まりは聞いたのであります。

'그 문제에 대해서는 좋은 생각이 있답니다. 빨리하시지 않으면 안 되어서……'라고 말하며 구름은 공을 재촉했습니다.

축구공은 구름의 말을 따랐습니다. 그리고 구름을 타고 하늘로 높이높이 올라가 버렸답니다.

'공님, 저는 밤이 되면 이렇게 달을 태우고서 드넓은 하늘을 산책해요. 하지만 달은 밤이 아니면 찾아오지 않지요. 당신이 낮에는 달을 대신해 여기에서 아래 세상을 구경하고 계시면 좋겠어요'라고 구름은 말했습니다. 축구공은 흰 달처럼 둥근 얼굴을 구름 사이로 내밀어 아래를 내려다보았습니다. 누구도 자신을 공이라고 생각하지 않았습니다.

'저기 낮의 달님이 떴어'라고 아이들이 하늘을 올려다보며 말하는 소리를 공은 들었습니다.

어느 공의 일생　あるまりの一生

□ 急きたてる 재촉하다　□ 言葉 말　□ 従う 따르다　□ 昇る 올라가다
□ 大空 드넓은 하늘　□ 昼間 낮　□ 下界 하계, 인간 세계　□ 見物する 구
경하다　□ 円い 둥글다　□ 顔 얼굴　□ 仰ぐ 위를 보다

フットボールが、見えなくなってしまってから、子供たちは、ほんとうにさびしそうでした。広場へ集まってきても、いままでのように、きゃっ、きゃっといって、遊ぶこともなくなりました。

「あのフットボールは、どこへいったろうね。」と、一人がいいますと、「いいまりだったね。」と、ほかの一人が、なくなったまりをほめました。

「あんまり、ひどく蹴ったから、いけないんだね。」と、なかには、後悔したものもありました。

子供たちのいうことを、空で聞いていたまりは、かつて、自分のことなど、口にも出さなかったのに、いまはこんなに自分のことを子供たちが思っているかと思うと、うれしいような、悲しいような気持ちがしたのであります。

축구공이 보이지 않게 된 후부터 아이들은 정말이지 쓸쓸해 보였습니다. 광장에 모여도 지금까지 그랬던 것처럼 꺅꺅 소리 지르며 노는 일도 없어졌습니다.

'그 축구공은 어디로 간 걸까' 하고 한 아이가 말하니, '착한 공이었지' 하고 다른 아이 하나가 사라진 공을 칭찬했습니다.

'너무 심하게 찼으니 우리 잘못이야'라며 그중에는 후회하는 아이도 있었습니다.

아이들이 하는 말을 하늘에서 듣던 공은, 여태껏 자기 이야기를 입 밖에도 내지 않던 아이들이 지금은 이토록 자신을 그리워한다고 생각하니, 기분이 좋기도 하고 슬프기도 했습니다.

□ さびしい 쓸쓸하다　□ ほめる 칭찬하다　□ 後悔する 후회하다　□ 口に
出す 입밖에 내다

そして、それほどまでに、自分を愛してくれるなら、たとえ自分
は、どんなにつらいめをみても、子供たちを、喜ばしてやりたいと
いうような考えになりました。

　まったく、まりは、いまは雲の上にいて安全でありましたけれ
ど、毎日、毎日、仕事もなく、運動もせず、単調にあいていまし
た。そして、だんだん地の上が恋しくなりはじめたのでありました。

　まりは、地上に帰ろうかと考えました。そのとき、風は、彼にさ
さやいたのであります。

　「そんな気を起こすものではない。もしおまえさんが帰ったら、
もう二度とここにはこられないだろう。そして、いままでよりか、
もっといじめられるだろう……。」と、風はいったのであります。

　그리고 그렇게까지 자신을 아껴 준다면 설령 아무리 험한 꼴을 당해도 아이들을 기쁘
게 해주고 싶다는 생각이 들었습니다.

　정말이지 공은 지금 구름 위에서 안전하기는 했지만, 매일매일 하는 일도 없고 운동
도 하지 않는 단조로운 생활에 싫증을 느끼고 있었습니다. 그리고 점점 땅 위가 그리워
지기 시작했습니다.

　공은 땅으로 돌아갈까 고민했습니다. 그때 바람이 그에게 속삭였습니다.

　'그런 생각은 할 게 못 돼. 혹시 네가 돌아간다면 여기에는 두 번 다시 오지 못 할걸.
게다가 지금까지보다 더 심한 괴롭힘을 당할 텐데……'라고 바람은 말했습니다.

어느 공의 일생 あるまりの一生

□ つらいめをみる 험한 꼴을 당하다 □ 喜ばす 기쁘게 하다 □ まったく
정말이지 □ 安全だ 안전하다 □ 仕事 일 □ 単調 단조로움 □ あく 싫증
나다 □ だんだん 점점 □ 恋しくなる 그리워지다 □ 地上 지상 □ ささ
やく 속삭이다 □ 気を起こす (~할) 생각을 하다 □ 二度と 두 번 다시

雲は、また、まりに向かって、

「もう、あなたは苦しいことを忘れたのですか。ここに、こうしていたら、どんなに安心であるかしれない。あの子供たちも、じきにあなたのことなどは忘れてしまいます。」といいました。

まりは、子供たちといっしょになっていた時分が、やはり恋しかったのです。そして、独りぼっちとなり、やがて、みんなから忘れられてしまうと考えると、もうじっとしているわけにはいきませんでした。

「雲さん、長い間、どうもお世話になりまして、お礼の申しあげようもありません。私は、下界へゆきます。そして、坊ちゃんや、お嬢さんたちのお仲間入りをいたします。私は、もう、さびしくて、さびしくてかないません……。」と、まりはいいました。

구름은 또 공을 향해,

'벌써 당신은 고생한 일을 잊은 건가요. 여기에서 이렇게 지내면 얼마나 마음 편한지 몰라요. 저 아이들도 곧 당신을 잊어버릴 거라고요'라고 말했습니다.

공은 역시 아이들과 어울리던 때가 그리웠습니다. 그리고 외톨이가 되어 머지않아 모두로부터 잊혀 버린다고 생각하니, 더 이상 가만히 있을 수 없었습니다.

'구름님, 오랫동안 저를 돌보아 주셔서 얼마나 감사한지 몰라요. 저는 아래 세상으로 내려가겠습니다. 그리고 도련님과 아가씨들의 친구가 될래요. 저는 더 이상 외로워서 견딜 수가 없답니다……'라고 공은 말했습니다.

□ 向かう 향하다 □ 苦しい 괴롭다 □ 忘れる 잊다 □ じきに 곧 □ い
っしょになる 어울리다 □ 時分 때, 무렵 □ 独りぼっち 외톨이 □ じっ
とする 가만히 있다 □ お礼 사례, 감사 □ 申しあげる 말씀드리다 □ 仲
間入り 한 무리에 들어감 □ かなう 참다, 견디다

雲は、このことを聞くと、また、まりの心持ちに同情をしました。

「それほど、あなたが帰りたいなら、つれていってあげましょう。」と、雲はいいました。

ある夜、雲は、まりを乗せて下界へ降りてきました。そして、いつかまりの隠れていたやぶの中へ、そっと降ろしてくれました。

「まりさん、お達者にお暮らしなさい。さようなら……。」と、雲は、名残惜しげに別れを告げました。

「ありがとうございました。」と、まりは、お礼をいいました。

やがて、夜が明け放れると、やぶの中へ朝日がさし込みました。小鳥は木の頂で鳴きました。そして、ぼけの花が、真紅な唇でまりを接吻してくれました。

구름은 이런 말을 들으니, 또 공의 심정이 딱하게 느껴졌습니다.

'당신이 그렇게 돌아가고 싶으시다면, 데려다 드리지요'라고 구름은 말했습니다.

어느 날 밤, 구름은 공을 태우고서 아래 세상으로 내려왔습니다. 그리고 언젠가 공이 숨어 있던 덤불 속에 살포시 내려 주었답니다.

'공님, 몸 건강히 지내세요. 안녕히……' 하고 구름은 아쉬운 듯이 작별 인사를 건넸습니다.

'고마웠어요' 하고 공은 감사의 말을 전했습니다.

머지않아 밤이 환하게 밝자 덤불 속으로 아침 햇살이 들어왔습니다. 작은 새가 나무 꼭대기에서 지저귀었습니다. 그리고 명자꽃이 새빨간 입술로 공에게 입을 맞추어 주었습니다.

어느 공의 일생 あるまりの一生

□ 心持ち 심정　□ 同情 동정　□ 帰る 돌아가다　□ つれていく 데려가다
□ 乗せる 태우다　□ 降ろす 내리다　□ 達者 건강함　□ 暮らす 지내다　□
名残惜い 미련이 남다　□ 別れを告げる 작별을 고하다　□ 明け放れる (날
이) 환하게 밝다　□ 朝日 아침 햇살　□ さし込む 빛이 들어오다　□ 小鳥 작
은 새　□ 頂 꼭대기　□ 鳴く 울다, 지저귀다　□ ぼけの花 명자꽃　□ 真紅
だ 새빨갛다　□ 唇 입술　□ 接吻する 입을 맞추다

「まりさん、どこへいままでいっていなさいました？ みんなが、毎日、あなたを探していましたよ。」と、ぼけは、なつかしげにまりをながめていいました。

　まりは、この地上のものを美しく、うれしく思いました。なぜ、自分は、この下界を捨てて、空の上などへ、すこしの間なりとゆく気になったろう。もう、これからは、不平をいわずに、みんなといっしょに暮らすことにしようと思いました。

　子供たちは、どうしてもフットボールのことを思いきれませんでした。そして、またやぶの中へ探しにきました。彼らは、思いがけなくまりを見つけたのであります。

「あった！ あった！ まりが見つかったよ。」

「おうい、フットボールが見つかった！」

「みんな、早くおいでよ。」

'공님, 지금껏 어디에 가 계셨어요? 모두들 매일 당신을 찾았다고요'라고 명자나무는 반가운 듯이 공을 바라보며 말했습니다.

공은 이 땅 위 모든 것이 아름답고 기쁘게 느껴졌습니다. 왜 나는 이 세상을 버리고 잠깐이라도 하늘 위로 갈 생각을 했을까? 이제부터는 더 이상 불평하지 않고 모두와 함께 지내기로 마음먹었습니다.

아이들은 도무지 축구공을 향한 그리움을 떨쳐낼 수 없었습니다. 그리고 다시 덤불 속을 뒤지러 왔습니다. 아이들은 뜻밖에 공을 발견했습니다.

"있어! 있어! 공을 찾았어."

"우와, 축구공을 찾았어!"

"다들 빨리 와."

□ 捨てる 버리다 □ 不平 불평 □ 思いきる 단념하다 □ 思いがけなく 뜻밖에

その日から、広場で、前のようにフットボールがはじまりました。子供たちは、その当座は気をつけてまりを大事にしました。

しかし、いつのまにか、また乱暴にまりを取り扱ったのであります。なんとされてもまりは、だまっていました。

こうしているうちに、まりは、もう年をとってしまいました。はね返る元気もなくなれば、不平をいったり、逃れようとする勇気もなくなってしまいました。子供たちのするままになって、終日外へほうり出されているようなこともありました。

空の雲は、まりが疲れて、広野にころがっているのを見ました。雲は、あわれなまりを、気の毒に思ったのであります。もし、二度と空へくるような気があるなら、つれてきてやろうと思って、雲は、だれも、人のいないときを見はからって、空から降りてきました。

그날부터 광장에서 예전처럼 축구가 시작되었습니다. 아이들은 당장은 공을 조심조심 소중히 다뤘습니다.

하지만 어느새 다시 험하게 공을 가지고 놀게 되었습니다. 무슨 일을 당해도 공은 잠자코 있었습니다.

이러는 사이에 공은 나이를 먹고 말았습니다. 튀어 오를 기력도 사라지고 불평하거나 달아나거나 할 용기도 없어져 버렸습니다. 아이들이 하는 대로 내버려두다 보니, 온종일 밖에 아무렇게나 내팽개쳐지는 날도 있었답니다.

하늘 위 구름은 공이 지친 채로 넓은 벌판에서 나뒹구는 모습을 보았습니다. 구름은 가여운 공을 보니 속상했습니다. 혹시 다시 하늘로 올라올 마음이 있다면 데려오자는 생각에 구름은 사람이 없는 때를 노려 하늘에서 내려왔습니다.

어느 공의 일생 あるまりの一生

□ 広場 광장 □ 当座 당장 □ 気をつける 조심하다 □ 大事にする 소중히 하다 □ だまっている 잠자코 있다 □ 年をとる 나이를 먹다 □ はね返る 튀어오르다 □ 元気 기력 □ 勇気 용기 □ 終日 온종일 □ 広野 넓은 벌판 □ あわれだ 가엾다

「もし、もし、まりさん。」と、雲は呼びかけました。しかし、耳も遠くなって、目のかすんだまりは、せっかくの雲の呼び声にも気づきませんでした。雲は、哀しそうに去ってゆきました。

'저어, 저어, 공님' 하고 구름이 불렀습니다. 하지만 귀도 먹고 눈도 침침해진 공은 구름이 애써 부르는 소리를 알아차리지 못했습니다. 구름은 애처로이 떠나가고 말았답니다.

어느 공의 일생 あるまりの一生

□ 呼びかける 부르다　□ 耳が遠くなる 귀가 먹다　□ 目がかすむ 눈이 침
침해지다　□ 呼び声 부르는 소리　□ 去っていく 떠나가다

赤いろうそくと人魚

빨간 초와 인어

작품 소개

동화에 등장하는 인어는 왠지 모르게 인간의 삶을 동경하는 것 같습니다. 1921년 2월 16일부터 20일까지『도쿄아사히 신문』에 연재된「빨간 초와 인어」속 인어 여인도 마찬가지예요. 오로지 아이에게 더 나은 삶을 주고 싶다는 바람으로 딸을 인간 세상에 맡겨버리거든요. 그런데 과연 우리가 사는 곳이 그토록 아름답기만 한가요. 어른들의 사랑과 때로는 욕심에 운명이 바뀔 수밖에 없는 가련한 인어 소녀의 삶을 따라가 보시기 바랍니다.

일본어 학습 포인트

작품은 신사가 자리한 작은 바다 마을을 배경으로 합니다. 신사는 일본의 토속 신앙인 신도를 대표하는 시설로, 동화 속에서는 바다의 신을 모시는 장소로 등장하지요. 지금도 일본인의 일상에 깊이 스며든 신사 문화를 간접적으로 익히고, 관련 어휘를 배울 수 있습니다. 또한, 날씨와 밤바다의 풍경, 파도의 움직임을 묘사하는 단어에도 주목해 보세요.

人魚は、南の方の海にばかり棲んでいるのではありません。北の海にも棲んでいたのであります。

北方の海の色は、青うございました。あるとき、岩の上に、女の人魚があがって、あたりの景色をながめながら休んでいました。

雲間からもれた月の光がさびしく、波の上を照らしていました。どちらを見ても限りない、ものすごい波が、うねうねと動いているのであります。

なんという、さびしい景色だろうと、人魚は思いました。自分たちは、人間とあまり姿は変わっていない。魚や、また底深い海の中に棲んでいる、気の荒い、いろいろな獣物などとくらべたら、どれほど人間のほうに、心も姿も似ているかしれない。

인어가 남쪽 바다에서만 사는 것은 아닙니다. 북쪽 바다에서도 살았답니다.

북쪽 바다의 색은 푸르렀습니다. 어느 날, 바위 위에 인어 여인이 올라와 주위 풍경을 바라보며 쉬고 있었습니다.

구름 사이로 새어 나온 달빛이 파도 위를 쓸쓸히 비추었습니다. 어느 쪽을 보아도 끝이 없는 무시무시한 파도가 넘실넘실 요동쳤습니다.

어쩌면 이토록 풍경이 쓸쓸할까. 인어는 생각했습니다. 우리는 인간과 겉모습은 크게 다르지 않아. 물고기와 깊은 바닷속에 사는 사나운 짐승들에 비하면, 마음씨도 외모도 인간과 얼마나 닮았는지 몰라.

빨간 초와 인어 赤いろうそくと人魚

□ 人魚 인어 □ 棲む 살다 □ 北方 북쪽 □ 岩 바위 □ 景色 풍경 □ 雲
間 구름 사이 □ もたれる 새다 □ 波 파도, 물결 □ 照らす 빛을 비추다
□ 限りない 끝없다 □ ものすごい 무섭다, 엄청나다 □ うねうね 넘실넘실
□ 底深い 밑바닥이 깊다 □ 気の荒い 성질 사납다 □ 獣物 짐승 □ くらべ
る 비교하다

それだのに、自分たちは、やはり魚や、獣物などといっしょに、冷たい、暗い、気の滅入りそうな海の中に暮らさなければならないというのは、どうしたことだろうと思いました。

長い年月の間、話をする相手もなく、いつも明るい海の面をあこがれて、暮らしてきたことを思いますと、人魚はたまらなかったのであります。そして、月の明るく照らす晩に、海の面に浮かんで、岩の上に休んで、いろいろな空想にふけるのが常でありました。

「人間の住んでいる町は、美しいということだ。人間は、魚よりも、また獣物よりも、人情があってやさしいと聞いている。私たちは、魚や獣物の中に住んでいるが、もっと人間のほうに近いのだから、人間の中に入って暮らされないことはないだろう。」と、人魚は考えました。

그런데도 우리는 여전히 물고기와 짐승과 함께 차갑고, 어두컴컴하고, 마음이 우울해질 법한 바닷속에서 지내야 한다니 어떻게 된 영문일까. 그렇게 생각했습니다.

오랜 세월 동안 말벗도 없이 항상 밝은 바다 위를 동경하며 살아온 처지를 생각하면, 인어는 견딜 수가 없었습니다. 그래서 달빛이 환히 비추는 밤이면 바다 위로 올라와 바위에서 쉬며 이런저런 공상에 잠기기 일쑤였습니다.

'인간이 사는 마을은 아름답다지. 인간은 물고기보다도, 또 짐승보다도 인정이 많고 상냥하다고 들었어. 우리는 물고기와 짐승 틈에 섞여 살지만, 인간과 더 비슷하니까, 인간 틈에 들어가 못 살 것도 없겠지'라고 인어는 생각했습니다.

빨간 초와 인어 赤いろうそくと人魚

□ 気の滅入る 마음이 우울해지다 □ 年月 연월, 세월 □ 相手 상대 □ 面
표면 □ あこがれる 동경하다 □ 浮かぶ 뜨다, 나타나다 □ ふける 잠기다
□ 常 흔히 있는 일 □ 人情 인정

その人魚は女でありました。そして身持でありました。私たちは、もう長い間、このさびしい、話をするものもない、北の青い海の中で暮らしてきたのだから、もはや、明るい、にぎやかな国は望まないけれど、これから産まれる子供に、せめても、こんな悲しい、頼りない思いをさせたくないものだ。

子供から別れて、独り、さびしく海の中に暮らすということは、このうえもない悲しいことだけれど、子供がどこにいても、しあわせに暮らしてくれたなら、私の喜びは、それにましたことはない。

人間は、この世界の中で、いちばんやさしいものだと聞いている。そして、かわいそうなものや、頼りないものは、けっしていじめたり、苦しめたりすることはないと聞いている。いったん手づけたなら、けっして、それを捨てないとも聞いている。

인어는 여인이었습니다. 그리고 뱃속에 아이를 품고 있었습니다. 우리는 이미 오랫동안 말벗도 없이 이 쓸쓸한 북쪽의 푸른 바닷속에서 살아왔어. 이제 와서 밝고 활기 넘치는 나라는 바라지 않지만, 적어도 앞으로 태어날 아이에게 이렇게 서글프고 기댈 곳 없는 심정을 느끼게 하고 싶지 않아.

아이와 떨어져 홀로 바닷속에서 외롭게 사는 것만큼 슬픈 일은 없겠지만, 아이가 어디에 있든지 행복하게만 살아 준다면 나는 더할 나위 없이 기쁠 거야.

인간은 이 세상에서 제일 다정하다고 들었어. 그리고 불쌍한 사람과 의지할 곳 없는 사람을 결코 구박하거나 괴롭히지 않는다고 들었어. 일단 품기로 하면, 결코 버리지 않는다고도 하지.

빨간 초와 인어 赤いろうそくと人魚

□ 身持 임신함 □ さびしい 쓸쓸하다 □ もはや 어느새, 이제 와서 □ に
ぎやかだ 번화하다, 활기차다 □ せめても 적어도 □ 頼りない 기댈 곳
없다 □ しあわせに 행복하게 □ 喜び 기쁨 □ かわいそうだ 불쌍하다
□ けっして 결코 □ いったん 일단 □ 手づける 시작하다, 손대다

幸い、私たちは、みんなよく顔が人間に似ているばかりでなく、胴から上は人間そのままなのであるから——魚や獣物の世界でさえ、暮らされるところを思えば——人間の世界で暮らされないことはない。一度、人間が手に取り上げて育ててくれたら、きっと無慈悲に捨てることもあるまいと思われる。

人魚は、そう思ったのでありました。

せめて、自分の子供だけは、にぎやかな、明るい、美しい町で育てて大きくしたいという情けから、女の人魚は、子供を陸の上に産み落とそうとしたのであります。そうすれば、自分は、ふたたび我が子の顔を見ることはできぬかもしれないが、子供は人間の仲間入りをして、幸福に生活をすることができるであろうと思ったのです。

다행히 우리는 모두 얼굴이 인간과 닮았을 뿐 아니라 허리 위로는 인간과 판박이야. 물고기와 짐승 세계에서도 잘 지내는 것을 보면, 그 세계에서도 못 살 건 없지. 한 번 인간이 손수 거두어 키워만 준다면, 무자비하게 버리는 일은 결코 없다고 보면 돼.

인어는 그렇게 생각했답니다.

적어도 자신의 아이만큼은 활기차고, 밝고, 아름다운 마을에서 자라 어른이 되기를 바라는 마음에 인어 여인은 아이를 뭍에서 낳기로 했습니다. 그렇게 하면 자신은 두 번 다시 자기 아이의 얼굴을 보지 못하더라도, 아이는 인간 틈에 섞여 행복하게 생활하리라 믿었기 때문입니다.

□ 幸い 다행히 □ 胴 몸통 □ 取り上げる 집어 들다, 받아들이다 □ 無慈
悲に 무자비하게 □ 情け 정, 마음 □ 陸 뭍 □ 生み落とす 낳다 □ 我が
子 자기 아이 □ 幸福に 행복하게

はるか、かなたには、海岸の小高い山にある、神社の燈火がちらちらと波間に見えていました。ある夜、女の人魚は、子供を産み落とすために、冷たい、暗い波の間を泳いで、陸の方に向かって近づいてきました。

海岸に、小さな町がありました。町には、いろいろな店がありましたが、お宮のある山の下に、貧しげなろうそくをあきなっている店がありました。

その家には、年よりの夫婦が住んでいました。おじいさんがろうそくを造って、おばあさんが店で売っていたのであります。この町の人や、また付近の漁師がお宮へおまいりをするときに、この店に立ち寄って、ろうそくを買って山へ上りました。

아득한 저편에는 바닷가의 높직한 산에 있는 신사에서 등불이 깜빡깜빡하며 물결 사이로 비쳤습니다. 어느 날 밤, 인어 여인은 아이를 낳기 위해 차갑고 어두운 파도 사이를 헤엄쳐 육지를 향해 다가왔습니다.

바닷가에 자그마한 마을이 있었습니다. 마을에는 여러 가게가 있었는데, 신사가 자리한 산 밑에는 소박한 초를 파는 가게가 있었습니다.

그 집에는 나이 지긋한 부부가 살았습니다. 할아버지가 초를 만들면, 할머니가 가게에서 팔았습니다. 마을 사람과 근처에 사는 고기잡이가 신사에 기도하러 갈 때 이 가게에 들러 초를 사서 산을 올랐습니다.

□ はるか 아득히 □ 海岸 바닷가 □ 小高い 높직하다 □ 神社 신사 □ 燈
火 등불 □ ちらちら 깜빡깜빡 □ 波間 물결 사이 □ 貧しい 변변찮다, 보잘
것 없다 □ ろうそく 초 □ お宮 신사 □ あきなう 장사하다 □ 年より 노
인 □ 夫婦 부부 □ おじいさん 할아버지 □ 造る 만들다 □ おばあさん
할머니 □ 附近 근처 □ 漁師 고기잡이 □ おまいり 신사에 소원을 비는 일
□ 立ち寄る 들르다 □ 上る 오르다

やま うえ まつ き は
山の上には、松の木が生えていました。その中にお宮がありま
うみ ほう ふ かぜ まつ あ ひる よる
した。海の方から吹いてくる風が、松のこずえに当たって、昼も、夜
な まいばん みや
も、ゴーゴーと鳴っています。そして、毎晩のように、そのお宮に
ほ かげ ゆ とお
あがったろうそくの火影が、ちらちらと揺らめいているのが、遠い
うみ うえ のぞ
海の上から望まれたのであります。

よる む
ある夜のことでありました。おばあさんは、おじいさんに向かっ
て、

わたし く かみ かげ
「私たちが、こうして暮らしているのも、みんな神さまのお蔭
やま みや う わたし
だ。この山にお宮がなかったら、ろうそくは売れない。私どもは、
おも おも わたし
ありがたいと思わなければなりません。そう思ったついでに、私
やま のぼ
は、これからお山へ上っておまいりをしてきましょう。」といいま
した。

산 위에는 소나무들이 자라고 있었습니다. 그 안에 신사가 있었습니다. 바다에서 불
어오는 바람이 소나무 가지 끝에 부딪혀 낮이고 밤이고 우르릉 울렸습니다. 그리고 밤
에는 매일 같이 신사에 켜진 촛불 빛이 깜빡깜빡하며 일렁이는 풍경이 먼바다 위에서
보였답니다.
어느 날 밤이었습니다. 할머니가 할아버지를 향해
'영감과 내가 이렇게 사는 것도 전부 신의 은총이에요. 이 산에 신사가 없었다면, 초
가 팔리지 않지요. 우리는 늘 감사히 여겨야 해요. 생각난 김에 산에 올라가 기도를 드
리고 올게요'라고 말했습니다.

빨간 초와 인어 赤いろうそくと人魚

□ 松の木 소나무 □ 生える 나다, 나오다 □ こずえ 나뭇가지 끝 □ ゴー
ゴー 큰소리가 울리는 모양 □ 毎晩 매일 밤 □ 火影 불빛 □ 揺らめく 일
렁이다 □ 神さま 신 □ お蔭 덕분, 은총 □ 私ども 저희들 □ ありがたい
감사하다

「ほんとうに、おまえのいうとおりだ。私も毎日、神さまをありがたいと心ではお礼を申さない日はないが、つい用事にかまけて、たびたびお山へおまいりにゆきもしない。いいところへ気がつきなされた。私の分もよくお礼を申してきておくれ。」と、おじいさんは答えました。

　おばあさんは、とぼとぼと家を出かけました。月のいい晩で、昼間のように外は明るかったのであります。お宮へおまいりをして、おばあさんは山を降りてきますと、石段の下に、赤ん坊が泣いていました。

'정말이지 당신이 말한 대로네. 나도 매일, 신께 감사하다고 속으로는 아뢰지 않는 날이 없지만, 그만 할 일에 매여 산에 자주 기도를 드리러 가지 못하는구면. 참 잘 생각했네. 내 몫까지 감사드리고 와주게'라고 할아버지가 대답했습니다.

　할머니는 터벅터벅 집을 나섰습니다. 달빛이 밝은 밤이어서 바깥은 낮처럼 환했습니다. 신사에서 기도한 뒤 할머니가 산을 내려오는데, 돌계단 밑에서 갓난아기가 울고 있었습니다.

빨간 초와 인어　赤いろうそくと人魚

□ 用事 용무 □ かまける 매이다 □ とぼとぼ 터벅터벅 □ 石段 돌계단
□ 赤ん坊 갓난아기

「かわいそうに、捨て子だが、だれがこんなところに捨てたのだ
ろう。それにしても不思議なことは、おまいりの帰りに、私の目に
止まるというのは、なにかの縁だろう。このままに見捨てていって
は、神さまの罰が当たる。きっと神さまが、私たち夫婦に子供のな
いのを知って、お授けになったのだから、帰っておじいさんと相談
をして育てましょう。」と、おばあさんは心の中でいって、赤ん坊
を取り上げながら、

「おお、かわいそうに、かわいそうに。」といって、家へ抱いて
帰りました。

おじいさんは、おばあさんの帰るのを待っていますと、おばあさ
んが、赤ん坊を抱いて帰ってきました。そして、一部始終をおばあ
さんは、おじいさんに話しますと、

'가엾게도 버려진 아이로구먼. 누가 이런 곳에다 버렸을꼬. 그건 그렇고, 신기하기도
하지. 기도를 드리고 돌아가는 내 눈에 띄었으니 무슨 인연이 있는 게야. 이대로 내버
려두고 가면 천벌 받지. 분명히 신께서 우리 부부에게 아이가 없다는 사실을 아시고 내
려 주셨을 테니, 돌아가서 영감이랑 잘 상의해서 키워야겠어'라고 할머니는 마음속으
로 말하며 갓난아기를 들어 올리고서는

'아아, 가여워라, 가여워라'라고 말하며 품에 안은 채 집으로 돌아갔답니다.

할아버지는 할머니가 돌아오기를 기다리고 있었는데, 할머니가 갓난아기를 안고 돌
아오는 것이었습니다. 그리고 할머니가 할아버지에게 자초지종을 이야기하자

빨간 초와 인어 赤いろうそくと人魚

□ 捨て子 버려진 아이　□ 縁 인연　□ 見捨てる 내버려 두다　□ 罰に当
たる 벌을 받다　□ 当る 맞다, 당하다　□ 授ける 내려주다　□ 抱く 안다
□ 一部始終 자초지종

「それは、まさしく神さまのお授け子だから、大事にして育てな

ければ罰が当たる。」と、おじいさんも申しました。

　二人は、その赤ん坊を育てることにしました。その子は女の子で

あったのです。そして胴から下のほうは、人間の姿でなく、魚の形

をしていましたので、おじいさんも、おばあさんも、話に聞いてい

る人魚にちがいないと思いました。

　「これは、人間の子じゃあないが……。」と、おじいさんは、赤

ん坊を見て頭を傾けました。

　「私も、そう思います。しかし人間の子でなくても、なんと、や

さしい、かわいらしい顔の女の子でありませんか。」と、おばあさ

んはいいました。

'그건 확실히 신께서 내려 주신 아이이니, 소중히 키우지 않으면 천벌 받네'라고 할아
버지도 말했습니다.
　둘은 갓난아기를 키우기로 했습니다. 아이는 여자아이였습니다. 그리고 허리 아래로
는 인간의 모습이 아니라 물고기의 형상을 하고 있었으므로, 할머니도 할아버지도 말
로만 듣던 인어가 틀림없다고 생각했습니다.
　'이건 인간의 아이가 아닌데……'라고, 할아버지는 갓난아기를 보며 고개를 갸웃거렸
습니다.
　'저도 그렇게 생각해요. 그렇지만 인간의 아이가 아니어도 어쩌면 이렇게 순하고 얼
굴도 예쁘장한 여자아이가 다 있을까요'라고 할머니는 말했습니다.

빨간 초와 인어　赤いろうそくと人魚

「いいとも、なんでもかまわない。神さまのお授けなさった子供だから、大事にして育てよう。きっと大きくなったら、りこうな、いい子になるにちがいない。」と、おじいさんも申しました。

その日から、二人は、その女の子を大事に育てました。大きくなるにつれて、黒目勝ちで、美しい頭髪の、肌の色のうす紅をした、おとなしいりこうな子となりました。

娘は、大きくなりましたけれど、姿が変わっているので、恥ずかしがって顔を外へ出しませんでした。けれど、一目その娘を見た人は、みんなびっくりするような美しい器量でありましたから、中にはどうかしてその娘を見たいと思って、ろうそくを買いにきたものもありました。

おじいさんや、おばあさんは、「うちの娘は、内気で恥ずかしがりやだから、人さまの前には出ないのです。」といっていました。

'좋고 말고가 어딨겠나. 신께서 내려 주신 아이이니, 소중히 키워야지. 틀림없이 크고 나면 영리하고 착한 아이가 되고말고'라고 할아버지도 말했습니다.

그날부터 두 사람은 여자아이를 애지중지 키웠습니다. 아이는 자라면서 크고 검은 눈망울과 아름다운 머리카락, 그리고 분홍빛 피부를 지닌 의젓하고 영리한 아이가 되었답니다.

딸은 무럭무럭 자랐지만, 모습이 별난 탓에 부끄러워 얼굴을 내보이지 않았습니다. 그렇지만 한 번 딸을 본 사람은 모두 깜짝 놀랄 정도로 용모가 빼어났기에, 손님 중에서는 어떻게 해서든 딸을 볼 심산으로 초를 사러 온 사람도 있었습니다.

할아버지와 할머니는 '우리 딸은 소심하고 부끄럼쟁이라, 남들 앞에는 나서지 않아요'라고 말하곤 했습니다.

□ りこうだ 영리하다 □ 黒目勝ちだ 검은 눈망울이 크고 또렷하다 □ 頭
髪 머리카락 □ うす紅 분홍색 □ おとなしい 의젓하다 □ 変わってい
る 별나다 □ 恥ずかしがる 부끄러워하다 □ 顔を出す 얼굴을 내보이다
□ 一目 한 번 봄 □ 器量 용모 □ どうかして 어떻게 해서든 □ 内気だ 내
성적이다, 소심하다 □ 恥ずかしがりや 부끄럼쟁이 □ 人さま 남, 타인

奥の間でおじいさんは、せっせとろうそくを造っていました。

娘は、自分の思いつきで、きれいな絵を描いたら、みんなが喜んで、ろうそくを買うだろうと思いましたから、そのことをおじいさんに話しますと、そんならおまえの好きな絵を、ためしにかいてみるがいいと答えました。

娘は、赤い絵の具で、白いろうそくに、魚や、貝や、または海草のようなものを、産まれつきで、だれにも習ったのではないが上手に描きました。おじいさんは、それを見るとびっくりいたしました。だれでも、その絵を見ると、ろうそくがほしくなるように、その絵には、不思議な力と、美しさとがこもっていたのであります。

안방에서 할아버지가 부지런히 초를 만들고 있었습니다.

딸은 문득 예쁜 그림을 그리면 모두가 기꺼이 초를 사리라는 생각이 들어 할아버지에게 그렇게 말씀드렸더니, 그러면 네가 좋아하는 그림을 시험 삼아 그려 보아도 좋겠다는 대답이 돌아왔습니다.

딸은 빨간 물감으로 하얀 초에 물고기와 조개와 해초 같은 것을, 태어나서 누구에게 배운 적이 없는데도 능숙하게 그렸습니다. 할아버지는 그림을 보고 깜짝 놀랐습니다. 누구라도 그림을 보면 초를 갖고 싶어질 만큼 신비로운 힘과 아름다움이 깃들어 있었던 것입니다.

빨간 초와 인어 赤いろうそくと人魚

「うまいはずだ。人間ではない、人魚が描いたのだもの。」と、おじいさんは感嘆して、おばあさんと話し合いました。

「絵を描いたろうそくをおくれ。」といって、朝から晩まで、子供や、大人がこの店頭へ買いにきました。はたして、絵を描いたろうそくは、みんなに受けたのであります。

すると、ここに不思議な話がありました。この絵を描いたろうそくを山の上のお宮にあげて、その燃えさしを身につけて、海に出ると、どんな大暴風雨の日でも、けっして、船が転覆したり、おぼれて死ぬような災難がないということが、いつからともなく、みんなの口々に、うわさとなって上りました。

'근사할 수밖에, 인간이 아니라 인어가 그렸으니'라고 할아버지는 감탄하며 할머니와 함께 이야기를 나누었습니다.

'그림 있는 초 주세요'라고 말하며, 아침부터 밤까지 어른 아이 할 것 없이 초를 사러 가게를 찾아왔습니다. 역시 그림을 그려 넣은 초가 모두의 마음을 사로잡은 것이었습니다.

그러자 여기에 기묘한 이야기가 생겨났습니다. 이 그림 있는 초를 산 위 신사에 바친 뒤 타다 남은 것을 몸에 지니고 바다에 나가면, 아무리 큰 폭풍우가 몰아치는 날에도 결코 배가 뒤집히거나 물에 빠져 죽는 재난이 닥치지 않는다는 소문이 어느 틈에 많은 사람의 입에 오르내리게 되었습니다.

빨간 초와 인어 赤いろうそくと人魚

□ はず 당연한 일　□ 感嘆する 감탄하다　□ 店頭 가게 앞　□ はたして 역시　□ 受ける 호평을 받다, 인기를 모으다　□ 燃えさし 타다 남은 것　□ 身につける 몸에 지니다　□ 大暴風雨 큰 폭풍우　□ 転覆する 전복하다　□ おぼれる 물에 빠지다　□ 災難 재난　□ 口々 여러 사람이 저마다 말함　□ うわさ 소문

「海の神さまを祭ったお宮さまだもの、きれいなろうそくをあげれば、神さまもお喜びなさるのにきまっている。」と、その町の人々はいいました。

　ろうそく屋では、ろうそくが売れるので、おじいさんはいっしょうけんめいに朝から晩まで、ろうそくを造りますと、そばで娘は、手の痛くなるのも我慢して、赤い絵の具で絵を描いたのであります。
「こんな、人間並でない自分をも、よく育てて、かわいがってくだすったご恩を忘れてはならない。」と、娘は、老夫婦のやさしい心に感じて、大きな黒い瞳をうるませたこともあります。
　この話は遠くの村まで響きました。遠方の船乗りや、また漁師は、神さまにあがった、絵を描いたろうそくの燃えさしを手に入れたいものだというので、わざわざ遠いところをやってきました。

　'바다의 신을 모신 신사이니, 아름다운 초를 올리면 신께서도 기뻐하시기 마련이지'
라고 마을 사람들은 말했습니다.
　초 가게에서 그림 있는 초가 잘 팔리다 보니 할아버지는 아침부터 밤까지 열심히 초를 만들고 그 옆에서 딸은 손이 아파지는 것도 참으며 빨간 물감으로 그림을 그렸습니다.
　'이렇게 보통 사람과 다른 나를 잘 키워 주시고 예뻐해 주신 은혜를 잊지 말아야 해'
라며 딸은 노부부의 다정한 마음씨에 감동하여 크고 검은 눈망울을 글썽이기도 했습니다.
　소문은 먼 마을까지 퍼졌습니다. 멀리 사는 뱃사람과 고기잡이는 신께 올리고 남은 그림 있는 초를 손에 넣고 싶은 나머지 까마득히 떨어진 마을을 일부러 찾아왔습니다.

빨간 초와 인어　赤いろうそくと人魚

□ 祭る 신으로 모시다 □ いっしょうけんめいに 열심히 □ 我慢する 참
다 □ 並 ~와 같은 수준 □ 可愛がる 예뻐하다 □ 恩 은혜 □ 瞳 눈, 눈동자
□ うるませる 글썽이다 □ 響く 퍼지다 □ 遠方 먼 곳 □ 船乗り 뱃사람

そして、ろうそくを買って山に登り、お宮に参詣して、ろうそくに火をつけてささげ、その燃えて短くなるのを待って、またそれをいただいて帰りました。だから、夜となく、昼となく、山の上のお宮には、ろうそくの火の絶えたことはありません。殊に、夜は美しく、燈火の光が海の上からも望まれたのであります。

「ほんとうに、ありがたい神さまだ。」という評判は、世間にたちました。それで、急にこの山が名高くなりました。

神さまの評判は、このように高くなりましたけれど、だれも、ろうそくに一心をこめて絵を描いている娘のことを、思うものはなかったのです。したがって、その娘をかわいそうに思った人はなかったのであります。

그리고 초를 사서 산을 올라 신사에서 기도한 뒤 초에 불을 붙여 올린 다음, 초가 타서 짧아지기를 기다렸다가 다시 가지고 돌아갔습니다. 그래서 밤이고 낮이고 산 위 신사에서는 촛불이 꺼지지 않았습니다. 특히 밤에는 등불의 빛이 바다 위에서도 아름답게 보였답니다.

'정말이지 고마우신 신이셔'라는 명성이 세상에 널리 퍼졌습니다. 그래서 산이 갑자기 유명해졌습니다.

신의 명성은 이토록 높아졌지만, 초에 온 마음을 다해 그림을 그려 넣는 딸을 생각하는 사람은 아무도 없었습니다. 그러니 딸을 가엽게 여긴 사람은 없었습니다.

빨간 초와 인어 赤いろうそくと人魚

□ 参詣する 참배하다 □ ささげる 올리다, 바치다 □ となく ~을 불문하
고 □ 絶える 없어지다, 끊기다 □ 殊に 특히 □ 評判 평판, 소문 □ 世間
세간, 세상 □ 立つ 나다, 퍼지다 □ 名高い 유명하다 □ 一心 한마음, 일념
□ したがって 그러니, 따라서

娘は、疲れて、おりおりは、月のいい夜に、窓から頭を出して、遠い、北の青い、青い、海を恋しがって、涙ぐんでながめていることもありました。

　あるとき、南の方の国から、香具師が入ってきました。なにか北の国へいって、珍しいものを探して、それをば南の国へ持っていって、金をもうけようというのであります。

　香具師は、どこから聞き込んできたものか、または、いつ娘の姿を見て、ほんとうの人間ではない、じつに世に珍しい人魚であることを見抜いたものか、ある日のこと、こっそりと年寄り夫婦のところへやってきて、娘にはわからないように、大金を出すから、その人魚を売ってはくれないかと申したのであります。

　딸은 지친 채로 가끔은 달빛이 좋은 밤에 창문으로 고개를 내밀고서는 머나먼 북쪽의 푸르디푸른 바다를 그리움에 눈물지으며 바라보기도 했답니다.

　어느 날, 남쪽 나라에서 장사꾼이 들어왔습니다. 북쪽 나라로 가서 무언가 희귀한 물건을 찾은 다음, 그것을 남쪽 나라로 가져가서 돈을 벌려는 속셈이었습니다.

　장사꾼은 어디에서 소문을 얻어듣고 왔는지, 아니면 언젠가 딸의 모습을 보고 진짜 인간이 아닌, 실로 세상에 보기 드문 인어라는 사실을 눈치챘는지, 어느 날 슬그머니 노부부의 집으로 찾아와 딸은 모르게 '큰돈을 낼 테니, 인어를 팔지 않겠소'라고 말했습니다.

□ おりおり 가끔 □ 恋しがる 그리워하다 □ 涙ぐむ 눈물짓다 □ 香具
師 장사꾼 □ 珍しい 희귀하다 □ もうける 벌다 □ 聞き込む 얻어듣다
□ 見抜く 눈치채다 □ 大金 큰 돈

年寄り夫婦は、最初のうちは、この娘は、神さまがお授けになったのだから、どうして売ることができよう。そんなことをしたら、罰が当たるといって承知をしませんでした。

香具師は一度、二度断られてもこりずに、またやってきました。そして、年より夫婦に向かって、

「昔から、人魚は、不吉なものとしてある。いまのうちに、手もとから離さないと、きっと悪いことがある。」と、まことしやかに申したのであります。

年より夫婦は、ついに香具師のいうことを信じてしまいました。それに大金になりますので、つい金に心を奪われて、娘を香具師に売ることに約束をきめてしまったのであります。

香具師は、たいそう喜んで帰りました。いずれそのうちに、娘を受け取りにくるといいました。

노부부는 처음에는 '이 딸은 신께서 내려 주셨는데, 어찌 팔 수 있겠소. 그런 짓을 하면 천벌 받을 거요'라고 말하며 승낙하지 않았습니다.

장사꾼은 한 번, 두 번 거절당해도 포기하지 않고 다시 찾아왔습니다. 그리고 노부부를 향해

'예로부터 인어는 불길한 존재였지요. 늦기 전에 주변에서 떼놓지 않으면, 필시 나쁜 일이 생길 거요'라며 그럴듯하게 일렀습니다.

노부부는 결국 장사꾼의 말에 넘어가고 말았습니다. 게다가 큰돈이 되니, 그만 돈에 마음을 빼앗겨 딸을 장사꾼에게 팔기로 약속해 버렸습니다.

장사꾼은 크게 기뻐하며 돌아갔습니다. 가까운 시일 내에 딸을 받으러 오겠다고 말했습니다.

빨간 초와 인어 赤いろうそくと人魚

□ 承知 승낙 □ 断られる 거절당하다 □ 不吉だ 불길하다 □ 手もと 주변
□ 離す 떼놓다 □ まことしやかに 그럴듯하게 □ 奪われる 빼앗기다 □
たいそう 크게, 대단히 □ 受け取り 받음

この話を娘が知ったときは、どんなに驚いたでありましょう。

内気な、やさしい娘は、この家から離れて、幾百里も遠い、知らない、熱い南の国へゆくことをおそれました。そして、泣いて、年より夫婦に願ったのであります。

「わたしは、どんなにでも働きますから、どうぞ知らない南の国へ売られてゆくことは、許してくださいまし。」といいました。

しかし、もはや、鬼のような心持ちになってしまった年寄り夫婦は、なんといっても、娘のいうことを聞き入れませんでした。

娘は、へやのうちに閉じこもって、一心にろうそくの絵を描いていました。しかし、年寄り夫婦はそれを見ても、いじらしいとも、哀れとも、思わなかったのであります。

이 이야기를 딸이 알았을 때 얼마나 놀랐을까요?

소심하고 마음 여린 딸은 이 집을 떠나 수백 리나 떨어진 낯설고 더운 남쪽 나라에 가기가 두려웠습니다. 그래서 울면서 노부부에게 애원했습니다.

'제가 얼마든지 일을 할 테니, 제발 낯선 남쪽 나라로 팔려가지 않게 해주세요'라고 말했습니다.

하지만 어느새 괴물 같은 마음에 사로잡혀 버린 노부부는 어떤 말을 해도 딸의 목소리에 귀 기울이지 않았습니다.

딸은 방 안에 틀어박혀 온 마음을 다해 초 그림을 그렸습니다. 하지만 노부부는 그 모습을 보고도 기특하거나 가련하게 여기지 않았답니다.

□ 驚く 놀라다   □ 願う 빌다   □ 許す 면하게 하다   □ 鬼 귀신, 괴물
□ 閉じこもる 틀어박혀 나오지 않다   □ いじらしい 애처롭다, 기특하다
□ 哀れだ 가련하다

月の明るい晩のことであります。娘は、独り波の音を聞きながら、身の行く末を思うて悲しんでいました。波の音を聞いていると、なんとなく、遠くの方で、自分を呼んでいるものがあるような気がしましたので、窓から、外をのぞいてみました。けれど、ただ青い、青い海の上に月の光が、はてしなく、照らしているばかりでありました。

娘は、また、すわって、ろうそくに絵を描いていました。すると、このとき、表の方が騒がしかったのです。いつかの香具師が、いよいよこの夜娘を連れにきたのです。大きな、鉄格子のはまった、四角な箱を車に乗せてきました。その箱の中には、かつて、とらや、ししや、ひょうなどを入れたことがあるのです。

달빛이 밝은 밤이었습니다. 딸은 홀로 파도 소리에 귀 기울인 채 자신의 앞날을 상상하며 슬퍼하고 있었습니다. 파도 소리를 듣고 있으니, 어쩐지 멀리서 무언가 자신을 부르는 듯한 느낌이 들어 창문으로 바깥을 엿보았습니다. 그러나 그저 푸르디푸른 바다 위를 달빛이 끝없이 비출 뿐이었습니다.

딸은 다시 앉아서 초에 그림을 그렸습니다. 그러자 이때, 바깥이 소란스러워졌습니다. 일전의 장사꾼이 마침내 그날 밤 딸을 데리러 온 것이었습니다. 커다란 쇠창살이 박힌 네모난 상자를 수레에 싣고 왔습니다. 그 상자에는 예전에 호랑이와 사자, 표범을 넣은 적이 있었습니다.

빨간 초와 인어 赤いろうそくと人魚

□ 行く末 앞날 □ はてしない 끝없다 □ 表の方 바깥 □ 騒がしい 소란
스럽다 □ 鉄格子 쇠창살 □ はまる 끼이다, 꼭 맞다 □ 四角 사각 □ 箱
상자 □ とら 호랑이 □ しし 사자 □ ひょう 표범

このやさしい人魚(にんぎょ)も、やはり海(うみ)の中(なか)の獣物(けもの)だというので、とら

や、ししと同(おな)じように取(と)り扱(あつか)おうとしたのであります。ほどなく、

この箱(はこ)を娘(むすめ)が見(み)たら、どんなにたまげたでありましょう。

　娘(むすめ)は、それとも知(し)らずに、下(した)を向(む)いて、絵(え)を描(か)いていました。そ

こへ、おじいさんと、おばあさんとが入(はい)ってきて、

　「さあ、おまえはゆくのだ。」といって、連(つ)れだそうとしました。

　娘(むすめ)は、手(て)に持(も)っていたろうそくに、せきたてられるので絵(え)を描(か)く

ことができずに、それをみんな赤(あか)く塗(ぬ)ってしまいました。

　娘(むすめ)は、赤(あか)いろうそくを、自分(じぶん)の悲(かな)しい思(おも)い出(で)の記念(きねん)に、二、三本(ぼん)

残(のこ)していったのであります。

이 상냥한 인어도 결국 바닷속 짐승이라고 하니, 호랑이나 사자와 똑같이 다루려는

것이었습니다. 머지않아 이 상자를 딸이 보고 얼마나 기겁했을까요?

　딸은 그것도 모르고 고개를 숙인 채 그림을 그렸습니다. 그때 할아버지와 할머니가

들어와서는

　'자, 네가 갈 차례다'라고 내뱉은 뒤, 데리고 나가려고 했습니다.

　재촉하는 통에 손에 들고 있던 초에 그림을 그릴 수 없게 되자, 딸은 초를 전부 빨갛

게 칠해 버렸습니다.

　딸은 자신의 슬픈 추억을 기리는 빨간 초를 두세 개 남기고서 떠나고 말았답니다.

□ ほどなく 머지않아 □ たまげる 기겁하다 □ 連れだす 데리고 나가다
□ せきたてる 재촉하다 □ 塗る 칠하다 □ 思い出 추억 □ 記念 기념

ほんとうに穏やかな晩のことです。おじいさんとおばあさんは、戸を閉めて、寝てしまいました。

真夜中ごろでありました。トン、トン、と、だれか戸をたたくものがありました。年寄りのものですから耳さとく、その音を聞きつけて、だれだろうと思いました。

「どなた？」と、おばあさんはいいました。

けれどもそれには答えがなく、つづけて、トン、トン、と戸をたたきました。

おばあさんは起きてきて、戸を細めにあけて外をのぞきました。すると、一人の色の白い女が戸口に立っていました。

女はろうそくを買いにきたのです。おばあさんは、すこしでもお金がもうかることなら、けっして、いやな顔つきをしませんでした。

참으로 평온한 밤이었습니다. 할아버지와 할머니는 문을 닫은 채 잠들어 버렸습니다.

밤이 깊어질 무렵이었습니다. 똑똑 하고 누군가 문을 두드렸습니다. 나이가 지긋하다 보니 귀가 밝아 그 소리를 알아듣고서 누굴까 생각했습니다.

'누구슈?'라고 할머니가 말했습니다.

그런데 질문에 대답은 없고, 계속해서 똑똑 하고 문을 두드렸습니다.

할머니는 일어나서 문을 빠끔 열고 바깥을 엿보았습니다. 그러자 피부가 새하얀 여인 한 명이 문간에 서 있었습니다.

여인은 초를 사러 온 것이었습니다. 할머니는 조금이라도 돈벌이가 된다면 결코 얼굴에 싫은 티를 내지 않았습니다.

빨간 초와 인어 赤いろうそくと人魚

□ 穏やかだ 평온하다 □ 戸 문 □ 真夜中 한밤중 □ トントン 똑똑 □ た
たく 두드리다 □ 耳さとい 귀가 밝다 □ 聞きつける 알아듣다 □ 細めに
좁게, 가느다랗게 □ のぞく 엿보다 □ 戸口 문간 □ 顔つき 표정, 얼굴

おばあさんは、ろうそくの箱を取り出して女に見せました。その
とき、おばあさんはびっくりしました。女の長い、黒い頭髪がびっ
しょりと水にぬれて、月の光に輝いていたからであります。女は箱
の中から、真っ赤なろうそくを取り上げました。そして、じっとそ
れに見入っていましたが、やがて金を払って、その赤いろうそくを
持って帰ってゆきました。

おばあさんは、燈火のところで、よくその金をしらべてみると、
それはお金ではなくて、貝がらでありました。

おばあさんは、だまされたと思って、怒って、家から飛び出して
みましたが、もはや、その女の影は、どちらにも見えなかったので
あります。

할머니는 초를 상자에서 꺼내어 여인에게 보여주었습니다. 그때 할머니는 깜짝 놀랐습니다. 여인의 길고 검은 머리카락이 물에 흠뻑 젖은 채 달빛에 빛나고 있었기 때문입니다. 여인은 상자 안에서 새빨간 초를 집어 들었습니다. 그리고 그것을 지그시 바라보다가, 이내 돈을 낸 뒤 빨간 초를 가지고 돌아갔습니다.

할머니가 등불 밑에서 돈을 찬찬히 살펴보니, 돈이 아니라 조개껍데기였습니다.

할머니는 속았다고 생각하니 화가 치밀어 집을 뛰쳐나와 보았지만, 이미 여인의 그림자는 어디에도 보이지 않았답니다.

빨간 초와 인어 赤いろうそくと人魚

□ 取り出す 꺼내다 □ びっしょり 흠뻑 □ 真っ赤だ 새빨갛다 □ 見入る 보다, 주시하다 □ 貝がら 조개 껍데기 □ だまされる 속다 □ 怒る 화내다 □ 飛び出す 뛰쳐나오다 □ 影 그림자, 자취

その夜のことであります。急に空の模様が変わって、近ごろにない大暴風雨となりました。ちょうど香具師が、娘をおりの中に入れて、船に乗せて、南の方の国へゆく途中で、沖にあったころであります。

「この大暴風雨では、とても、あの船は助かるまい。」と、おじいさんと、おばあさんは、ぶるぶると震えながら、話をしていました。

夜が明けると、沖は真っ暗で、ものすごい景色でありました。その夜、難船をした船は、数えきれないほどであります。

不思議なことには、その後、赤いろうそくが、山のお宮に点った晩は、いままで、どんなに天気がよくても、たちまち大あらしとなりました。それから、赤いろうそくは、不吉ということになりました。

그날 밤이었습니다. 갑자기 날씨가 바뀌더니, 최근에 없던 큰 폭풍우가 불어닥쳤습니다. 막 장사꾼이 딸을 우리 안에 넣어 배에 싣고 남쪽 나라로 가는 도중, 바다 한가운데 있을 무렵이었습니다.

'이렇게 큰 폭풍우 속에서 저 배가 도저히 무사할 리 없어'라고 할아버지와 할머니는 바들바들 떨며 이야기했습니다.

밤이 밝자 먼바다의 새까맣고 으스스한 풍경이 펼쳐졌습니다. 그날 밤 난파한 배는 셀 수 없을 정도였습니다.

기묘하게도 그 후 산 위 신사에 빨간 초가 켜진 밤에는 그때까지 아무리 날씨가 맑았어도 순식간에 큰 폭풍이 불었습니다. 그때부터 빨간 초는 불길한 징조가 되었답니다.

□ 模様 모양, 상황 □ 近ごろ 최근 □ 途中 도중 □ 沖 먼바다 □ 助かる
해를 입지 않다 □ ぶるぶる 바들바들 □ 震える 떨다 □ 真っ暗 새까맣다
□ 難船 난파 □ 数えきれない 셀 수 없다 □ 点る 불이 켜지다 □ たちま
ち 순식간에

ろうそく屋の年より夫婦は、神さまの罰が当たったのだといっ
て、それぎり、ろうそく屋をやめてしまいました。

しかし、どこからともなく、だれが、お宮に上げるものか、たび
たび、赤いろうそくが点りました。昔は、このお宮にあがった絵の
描いたろうそくの燃えさしさえ持っていれば、けっして、海の上で
は災難にはかからなかったものが、今度は、赤いろうそくを見ただ
けでも、そのものはきっと災難にかかって、海におぼれて死んだの
であります。

たちまち、このうわさが世間に伝わると、もはや、だれも、この
山の上のお宮に参詣するものがなくなりました。こうして、昔、あ
らたかであった神さまは、いまは、町の鬼門となってしまいまし
た。そして、こんなお宮が、この町になければいいものと、うらま
ぬものはなかったのであります。

초 가게를 운영하던 노부부는 천벌을 받았다며 그 길로 초 가게를 그만두고 말았습니
다.

하지만 어디에선가 누군가 와서 신사에 올리는지, 번번이 빨간 초가 켜졌습니다. 옛
날에는 이 신사에 바친 뒤 타다 남은 그림 있는 초를 지니기만 하면 결코 바다 위에서
재난을 당하지 않았는데, 이제는 빨간 초를 보기만 해도 그 사람은 분명 재난을 당해
바다에 빠져 죽는 것이었습니다.

순식간에 이 소문이 세상에 전해져, 더 이상 아무도 산 위 신사에 기도하러 가지 않게
되었습니다. 그래서 옛날 영험했던 신은 이제는 마을의 저주가 되어 버렸습니다. 그리
고 '이런 신사가 이 마을에 없으면 좋을 텐데'라고 원망하지 않는 사람이 없었습니다.

□ それぎり 그길로　□ 伝わる 전해지다　□ あらたかだ 영험하다　□ 鬼門
귀문, 아주 싫은 것　□ うらむ 원망하다

船乗りは、沖から、お宮のある山をながめておそれました。夜になると、この海の上は、なんとなくものすごうございました。はてしもなく、どちらを見まわしても、高い波がうねうねとうねっています。そして、岩に砕けては、白いあわが立ち上がっています。月が、雲間からもれて波の面を照らしたときは、まことに気味悪うございました。

真っ暗な、星もみえない、雨の降る晩に、波の上から、赤いろうそくの灯が、漂って、だんだん高く登って、いつしか山の上のお宮をさして、ちらちらと動いてゆくのを見たものがあります。

幾年もたたずして、そのふもとの町はほろびて、なくなってしまいました。

뱃사람들은 먼바다에서 신사가 자리한 산을 바라보며 두려움에 떨었습니다. 밤이 되면 바다 위는 왠지 모르게 으스스했습니다. 어느 쪽을 둘러보아도 끝이 없는 높은 파도가 넘실넘실 물결칩니다. 또 바위에 부서지면 흰 거품이 솟아오릅니다. 달이 구름 사이로 새어 나와 파도 위를 비출 때는 정말이지 섬뜩하기 그지없었습니다.

캄캄하고 별도 보이지 않는 비 내리는 밤에 파도 위에서 빨간 촛불이 떠돌다 점점 높이 솟더니, 산 위 신사를 향해 아른아른 흔들리며 가는 것을 본 사람이 있습니다.

몇 해도 지나지 않아 산기슭에 있던 마을은 흔적도 없이 사라지고 말았답니다.

빨간 초와 인어 赤いろうそくと人魚

□ おそれる 두려워하다 □ うねる 물결치다 □ 砕ける 부서지다 □ あわ
거품 □ 立ち上がる 솟아오르다 □ 気味悪い 섬뜩하다, 기분 나쁘다 □ 漂
う 떠돌다 □ 幾年 몇 해 □ ふもと 기슭 □ ほろびる 멸망하다, 스러지다
□ なくなる 없어지다

손끝으로 채우는 일본어 필사 시리즈 3

빨간 초와 인어 赤いろうそくと人魚

1판 1쇄 인쇄   2025년 1월 10일
1판 1쇄 발행   2025년 1월 17일

지 은 이   오가와 미메이
역   자   이예은
펴 낸 이   최수진

편   집   최수진
디 자 인   cc. design
일 러 스 트   cc. design

펴 낸 곳   세나북스
출 판 등 록   제300-2015-10호
제   작   넥스트 프린팅

주   소   서울시 종로구 통일로 18길 9
전 화 번 호   02-737-6290
팩   스   02-6442-5438
블 로 그   http://blog.naver.com/banny74
인 스 타   @sujin1282
이 메 일   banny74@naver.com

I S B N   979-11-93614-13-6 13730

• 이 책은 저작권법에 따라 보호받는 저작물이므로 무단 전재와 무단 복제를 금합니다.

• 잘못 만들어진 책은 구입하신 서점에서 교환해드립니다.

• 정가는 뒤표지에 있습니다.